W9-CGS-157

Coordinación de la colección: Daniel Goldin
Diseño: Arroyo + Cerda
Diseño de portada: Joaquín Sierra
Dirección artística: Rebeca Cerda

# *A la orilla del viento...*

Primera edición en inglés: 1988
Primera edición en español: 1992
Segunda edición: 1995
Tercera edición: 1998
Primera reimpresión: 1998

Título original:
*The Cabbage Patch Fib*


Av. Picacho Ajusco 227; México, 14200, D.F.



ISBN 968-16-5722-5 (tercera edición)
ISBN 968-16-4760-2 (segunda edición)
ISBN 968-16-3894-8 (primera edición)

Impreso en México

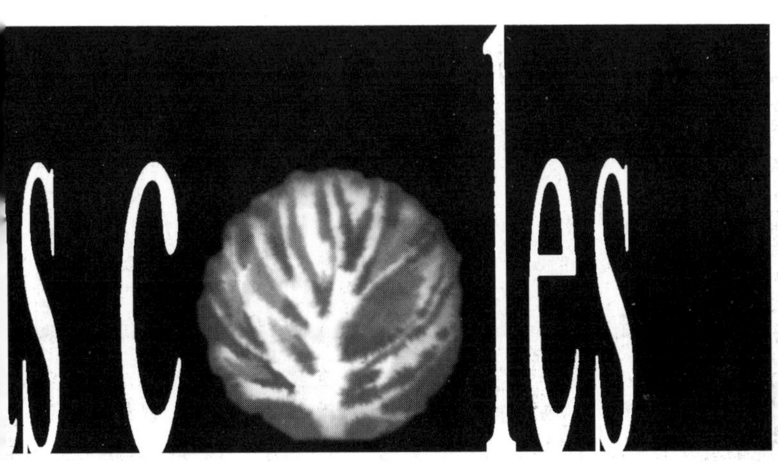

**aul Jennings**

lucción de
loma Villegas

traciones de
rique Martínez

*A Gemma*

FONDO DE CULTURA ECONÓMICA
MÉXICO

# Capítulo 1

❖ Mi hermano Chris sólo tiene ocho años, de modo que es muy chico para tener un bebé. Bueno, "tener un bebé" tal vez no sea la manera correcta de decirlo. Pero ahí estaba el bebé y sin duda pensaba que Chris era su papá. Él tenía que encargarse del bebé, y eso era absolutamente cierto. En fin, será mejor que empiece por el principio para que ustedes sepan toda la historia. Si no me creen, no los culpo. Pero ésta vez es la pura verdad.

Todo empezó a la hora de la merienda. Los ocho —seis niños y mamá y papá— estábamos comiendo espagueti. Los niños nos moríamos de la risa porque Chris (que a veces puede ser un verdadero demonio) se había metido un pedazo de espagueti por la nariz y había dejado una punta colgando sobre su labio, de modo que parecía algo de lo que prefiero no hablar. Era una porquería, pero realmente se veía muy chistoso y no podíamos evitar las carcajadas. Papá no se había dado cuenta porque estaba muy ocupado fingiendo que no estaba viendo *Doctor Quién* en la tele. En nuestra familia está prohibido que la tele esté prendida cuando merendamos, pero de alguna manera papá nunca se da cuenta de que sigue prendida hasta que termina *Doctor Quién*.

De pronto, papá vio el pedazo de espagueti y se lanzó al ataque.

—Sácate esa cosa asquerosa de la nariz —le gritó a Chris—. ¡No se puede contigo!

Papá se empezó a poner morado. Luego empezó a darse de topes en la mesa, junto a su plato.

—¿Qué he hecho para merecer esto? —se lamentó—. Primero el niño se pone un pedazo de espagueti en la nariz y, cuando le digo que se lo quite, lo chupa y se lo traga. ¿Es que nadie en esta familia sabe comportarse en la mesa?

Todos tratábamos de aguantar la risa con todas nuestras fuerzas, pero se nos escapaban risitas sueltas.

En la tele, vi que el doctor Quién estaba a punto de ser devorado por un monstruo verde de dos cabezas. Se escuchó una musiquita chistosa que significa que hay que esperar hasta el día siguiente para saber qué va a ocurrir. Yo sabía que el doctor Quién no iba a ser comido vivo. Nunca le pasa nada porque tiene que

star bueno y sano para el siguiente episodio. La cosa es que hora que el programa había terminado, papá se levantó y pagó la tele.

—¡Se acabó! —gritó—. De ahora en adelante no habrá tele la hora de la merienda. Por fin vamos a tener buenos modales una conversación decente.

Dice esto más o menos una vez por semana; pero nunca le ura más de uno o dos días, así que no nos preocupaba mucho.

—Quiero una plática decente —repitió papá—. Una conersación inteligente acerca de las importantes cosas que hacen stedes en la escuela. Como quién hizo la luna o adónde van las ıoscas en invierno. ¿Quién tiene un tema de conversación?

Hubo un largo silencio, y luego Chris preguntó:

—¿De dónde vienen los bebés, papá?

Papá se puso rojo. No se esperaba eso.

—Bueno —dijo—, este, sí, bueno… vienen de…, de…, este…, es así, ¿sabes, Chris?, bueno, vienen del huerto de coles. Sí, vienen del huerto de coles.

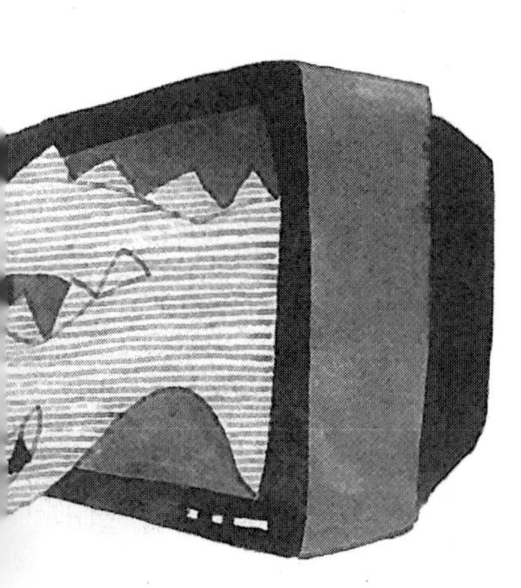

Mamá le lanzó una mirada rara. No le gustaba que papá no le dijera la verdad a Chris. Todos, menos Chris, sabíamos que aquello no era cierto. Él parecía muy interesado.

—¿Cómo llegan ahí? —preguntó.

—Crecen en las coles. Sí, crecen en las coles durante la noche —dijo papá con voz débil.

—¡Imagínate! —respondió Chris—. Esta noche podría llegar un niño nuevo, ¿verdad?

Todo el mundo miraba a papá con ojos de puñalada, pero él sólo dijo:

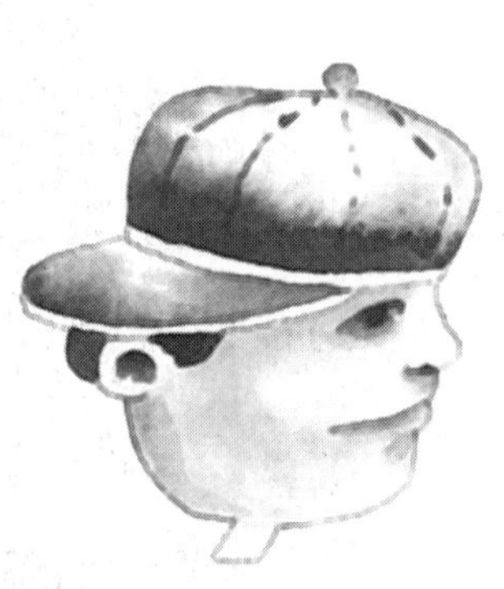

—No se sabe nunca... Podríamos tener esa mala suerte.

Entonces se levantó y puso las noticias, lo cual quería decir que nosotros teníamos que lavar los platos. No es justo que los papás hagan que sus hijos carguen con todo el trabajo mientras ellos ven las noticias, pero así es siempre, hasta los días en que no están tratando de sacarle la vuelta a una pregunta difícil. ❖

# Capítulo 2

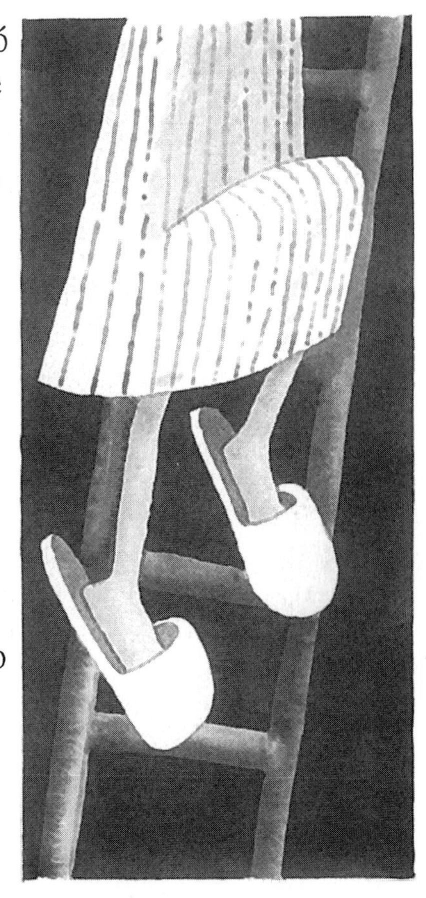

❖ BUENO, después todo siguió normal y no se habló más sobre bebés. Finalmente me fui a la cama y me estaba empezando a quedar dormido cuando oí a Chris levantarse. Tenemos el mismo cuarto; él duerme en la litera de arriba y yo en la de abajo.

Se bajó de la cama y se vistió. Luego sacó su linterna del cajón superior de su cómoda.

Lo oí salir del cuarto y luego escuché el "clic" que hizo la puerta de atrás al cerrarse. Chris había salido de la casa. Me puse una sudadera rápidamente y lo seguí al patio trasero.

Afuera todo estaba oscuro y al principio no podía ver adónde había ido Chris. Luego vi brillar la linterna al fondo del jardín, en la hortaliza.

Avancé hacia donde estaba Chris tan silenciosamente como pude, pero me oyó acercarme y volteó a verme desde donde se hallaba, hurgando entre las coles.

—¿Qué es lo que crees que estás haciendo? —le pregunté en la oscuridad.

—Estoy buscando bebés —dijo—. Papá piensa que esta noche podría brotar uno. No podemos dejarlo aquí afuera hasta la mañana. Podría resfriarse y morir.

—¡Ay, no! —le dije—. ¿No me digas que te creíste ese cuento chino? Los bebés no crecen en los huertos de coles: crecen dentro de su mamá.

Una expresión de incredulidad se extendió por su cara.

—¿Dónde? —preguntó—. ¿En qué parte de su mamá?

—Aquí —le dije, sobándome la panza—. Por aquí adentro.

—No me digas —dijo—. Cuéntame una de vaqueros. Ahí es adonde van las papas y las salchichas y la salsa y el pastel. No se puede tener a un bebé revuelto con todo eso. ¡Aj! ¡Pobrecito! No tienes por qué ocultarme la verdad. Ya soy lo bastante grande para saber que los bebés en realidad crecen en el huerto de coles.

Ya no me quiso escuchar. Siguió buscando debajo de las oles.

—Ayúdame a buscar —dijo—. Uno se puede haber ido ateando hasta las matas de papas.

Decidí seguirle la orriente e hice como si uscara a un bebé entre as plantas. Al cabo de n rato le oí decir:

—Encontré uno.

—¿Encontraste un ué? —le pregunté.

—Un bebé, claro –me replicó.

—Genial —le dije, ngiendo que le creía. Ciertamente el mucha-ho tenía mucha imagi-ación.

—Sigue buscando —me ordenó—. Podría haber otro. ueden ser gemelos.

Yo me reía en voz baja pero pronto dejé de hacerlo. Oí lgo que me puso los pelos de punta. Era el llanto de un bebé.❖

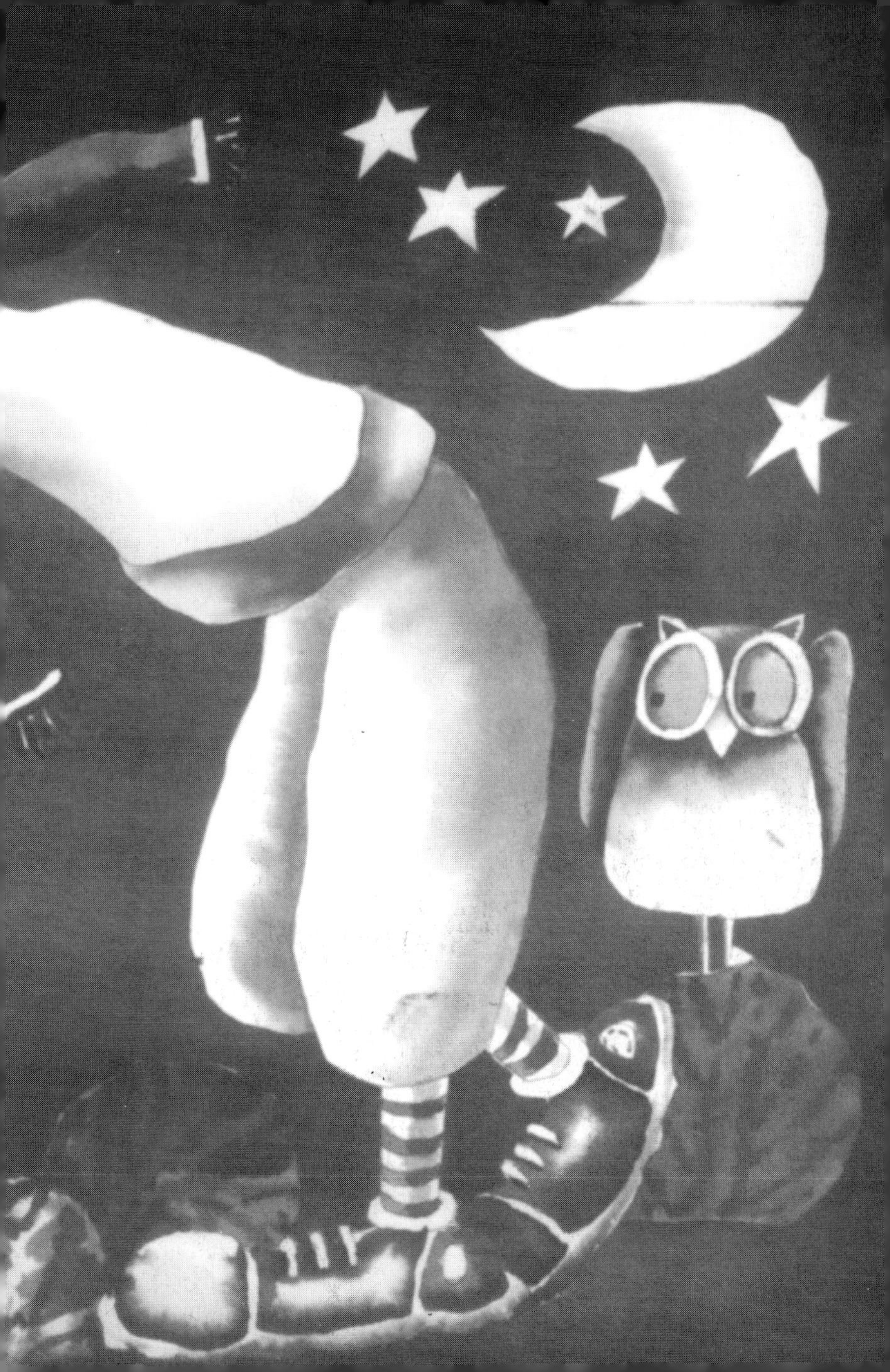

# Capítulo 3

❖ Corrí hasta donde Chris iluminaba algo con su linterna, en el suelo, entre dos coles. Yo no podía creerlo. Chris tenía razón Había un bebé, pero era la cosa más rara que había visto en mi vida. Era verde y tenía una barbilla larga y puntiaguda. Estaba desnudo y lloraba. Ni siquiera tenía una cobija; estaba nada má ahí tirado, sobre la tierra fría y dura.

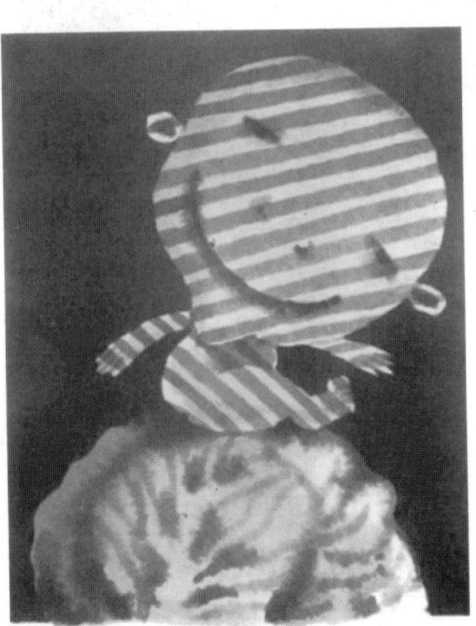

—Pobrecito —dijo Chris y lo levantó. El bebé dejó de llorar inmediatamente y empezó a sonreír y hacer ruiditos con la boca.

—¡Le gusto! —exclamó Chris.

—Pero está verde —dije—. Los bebés no deben estar verdes. Seguramente está enfermo. A lo mejor, moribundo. A ver, déjame verlo.

Se lo quité de los brazos. Enseguida, el bebé tomó aire con uerza y luego arrugó la nariz y cerró los ojos.

—¡Ya no respira! —gritó Chris—. ¡Rápido, haz algo!

Traté de acordarme de mis primeros auxilios, pero tenía la nente en blanco.

—¡Ah, no, no! —dije enojado—. Está guantando el aire. ¡Y nira! Se está poniendo norado.

Así era. El bebé nabía dejado de respiar a propósito, y en ez de verde se estaba olviendo morado. mpecé a brincar de n pie al otro. Me dio ánico. No se me ocurría nada que hacer para que la criatura olviera a respirar.

—¡Dámelo! —gritó Chris, y me arrebató al niño tieso y norado de los brazos.

En cuanto Chris lo tuvo de nuevo en sus brazos, el bebé oltó todo el aire y comenzó a respirar bien. Poco a poco su olor cambió de morado brillante a verde brillante.

—Cree que tú eres su mamá —le dije a Chris—. Como tú fuiste el primero en recogerlo, piensa que eres su mamá. Ya había oído de cosas así. Una vez leí de un pato que pensaba que era conejo porque lo primero que vio cuando rompió el cascarón fue un conejo. Aquí pasa lo mismo. Este bebé piensa que tú eres su mamá. Pero es verde. Yo nunca he oído de un bebé verde. Es mejor que llamemos a mamá y papá.

Volvimos corriendo a la casa y despertamos a mamá y papá. Estaban asombrados. Casi se les salían los ojos de las órbitas cuando salieron y vieron al bebé verde.

—¡Llama al doctor! —gritó papá—. El pobrecito está verde. Necesita un doctor inmediatamente.

Se fue corriendo al teléfono y llamó al doctor.

—Dámelo —le dijo mamá a Chris, y se lo quitó.

De inmediato, el bebé arrugó la nariz, cerró los ojos y dejó de respirar. Otra vez se empezó a poner morado.

Chris le arrancó el bebé a mamá, y de nuevo él comenzó a respirar y volvió a su color normal.

—No deja que nadie lo cargue más que Chris —le dije a mamá—. Cree que es su mamá.

—Su papá —me corrigió Chris—. Cree que yo soy su papá.

Llegó el doctor y volvió a pasar lo mismo. El bebé no quería que nadie lo tocara más que Chris. El doctor no pudo ni

ponerle el estetoscopio en el pecho, porque el bebé se ponía morado. Llamó una ambulancia que llegó con la sirena a todo volumen.

—Chris va a tener que ir al hospital con el bebé —dijo el doctor—. Necesita atención especial. Deja de respirar cuando no está con Chris, así que él tiene que ir con nosotros.

—No —dijo mamá despacio—. Chris no va. No voy a dejar que se pase el resto de su vida en el hospital con ese bebé; tiene que ir a la escuela. Si quieren examinar al bebé tendrán que venir aquí.

El bebé verde comenzó a chupar el brazo de Chris.

—Tiene hambre —dijo mamá—. Más vale que le des su mamila, Chris.

Chris tenía una sonrisota. Le encantaba ser papá.

Al menos por un tiempo. ❖

# Capítulo 4

❖ El bebé pronto se apoderó de la vida de Chris. Chris tenía que cuidarlo y hacer todo lo que el bebé necesitaba, porque dejaba de respirar en cuanto se le acercaba cualquier otra persona. También aguantaba el aire si Chris se iba y lo dejaba.

Así que Chris le cambiaba los pañales, le daba las mamilas, lo bañaba y hasta dormía con él. Dondequiera que iba Chris, el bebé tenía que ir también.

Nos hicimos famosos. Vinieron los de la televisión e hicieron muchos programas sobre Chris y el bebé. Todos querían ver al bebito verde que venía del huerto de coles.

Vinieron doctores y científicos y gente del hospital a verlo. Todos trataban de llevárselo pero nadie pudo hacerlo. El bebé simplemente retenía el aliento cada vez que alguien se le acercaba.

Al principio, nada de esto le molestaba a Chris. Se tomó dos semanas sin escuela, y adoraba al nuevo niño. Pero por fin llegó el terrible día.

—Tienes que volver a la escuela, Chris —dijo mamá—. No puedes quedarte en la casa el resto de tu vida.

—Pero ¿qué va a pasar con el bebé? —protestó Chris—. No lo puedo dejar. Se morirá sin mí.

—Puede ir contigo —dijo mamá—. Ya arreglé todo en la escuela. Puedes poner su canastilla junto a tu pupitre.

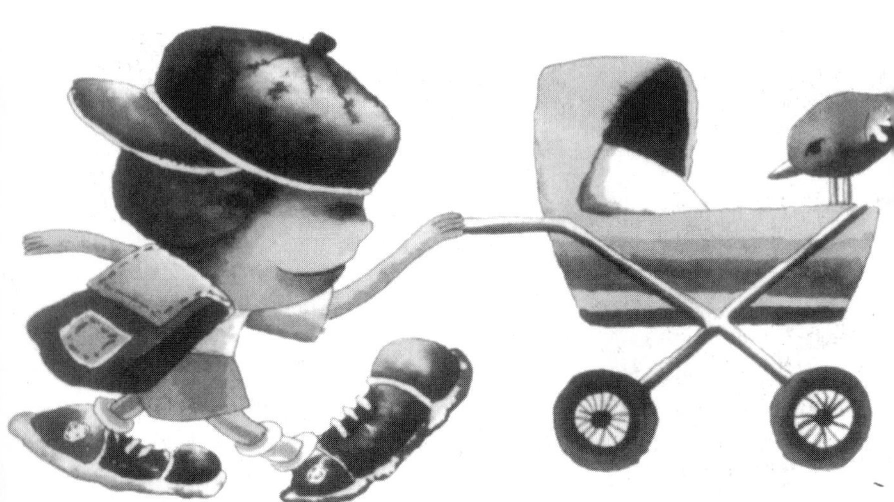

Al día siguiente, Chris se dirigió valientemente a la Escue-a Primaria Shepparton. Todos los niños del colegio estaban allí esperándolo para ver a su nuevo bebé. La maestra de Chris, la señora Manley, también lo esperaba.

—Hagan lugar —dijo—. Déjenles a Chris y a su bebé un poco de aire.

—¿Verdad que es una linda mamá? —dijo alguien con voz poco amable.

Sonó la campana y todos se metieron a los salones. Uno de los compañeros de Chris me contó lo que pasó entonces. Fue terrible.

Chris dejó al bebé en su canasta, junto al pupitre, y empezó a trabajar en matemáticas. Después de un ratito, el bebé se puso a llorar.

—Quiere comer —dijo la señora Manley—. Ve a buscar su mamila, Chris.

Chris refunfuñó. No tenía ganas de dejar su trabajo. Le gustaban las matemáticas. Era su mejor materia.

El bebé se tomó la mamila. Era muy rápido para comer. En cuanto terminó, se puso a llorar otra vez.

—Tiene aire —dijo la señora Manley—. Tienes que hacerlo eructar, Chris.

Chris se colocó al bebé sobre el hombro y le palmeó la espalda. De repente, el bebé soltó un enorme eructo que retumbó en todo el salón. Toda la clase se puso a reír a carcajadas. Los niños se reían como locos y les rodaban las lágrimas por la cara. Pensaban que

aquello era un chiste magnífico. Todos menos Chris. Él estaba apenado y miraba fijamente sus zapatos.

A la hora del recreo, las cosas se pusieron todavía peor. Todos jugaban "quemados".

—Lo siento, Chris —dijo la señora Manley—. Pero no puedes jugar. Es demasiado peligroso. Si te caes cargando al bebé, se puede lastimar.

Chris trató de pasarle el bebé a un amiga para que lo cuidara, pero dejó d respirar y se puso morado, así que Chris tuvo que regresar y quedarse con él.

Se sentó tristemente en una banca, con el bebé dormido en sus piernas, a ver cómo jugaban los demás niños. Pronto, unas diez niñas vinieron y se sentaron junto a él. Todas tenían muñecas de trapo verde col. Todas ellas. Cada vez que Chris hacía algo con el bebé, las niñas lo copiaban. Si Chris le daba su chupón al bebé, ellas le daban chupones a sus muñecas. Chris trató de escapar, pero lo seguían por todas partes.

Después del recreo, hubo más :oblemas. Mientras estaban haciendo ·tografía, alguien preguntó:

—¿Quién se echó una pluma?

—¡Ufff! ¡Qué olor! —dijo alguien más.

Los niños fruncían la nariz y se reían y se señalaban unos a otros. La señora Manley se enojó con ellos.

—Es el bebé —les dijo—. Necesita que le cambien el pañal.

Pobre Chris. Tuvo que cambiar el pañal mientras toda la clase lo observaba. Levantó las piernas del bebé y mpió la plasta amarilla de su trasero.

—¡Aj! —dijo un niño—. ¡Qué asco!

Chris tenía los ojos llenos de lágrimas. Agarró al bebé y se ıe corriendo sin parar hasta la casa. ❖

# Capítulo 5

❖ ESA NOCHE a la hora de la merienda, Chris empezó a gritarnos a todos.

—¡Ya no quiero tener un bebé! ¡Me gusta, pero no me gusta cuidarlo! ¡No me gusta ser papá! ¡Quiero ser un niño! Quiero ir a pescar y subirme a los árboles y jugar "quemados". No quiero que un montón de niñas me sigan con sus muñecas verdes.

Mamá lo miró tristemente.

—No sé qué podemos hacer, Chris. No deja que nadie lo toque más que tú. ¿No quieres que se muera, verdad?

Chris no contestó. Levantó al bebé y se fue muy enojado.

Esa noche, cuando todos dormían, de nuevo oí a Chris sali de la casa. Llevaba al bebé consigo. Una vez más lo seguí hasta el huerto de coles.

Vi que Chris dejaba al bebé en el suelo y empezaba a alejarse sin hacer ruido.

—¿Qué estás haciendo? —le grité—. No puedes irte y dejarlo.

—¡No es mío! —me contestó—. ¡No lo quiero! De aquí vino y aquí lo estoy devolviendo.

Sin decir nada más, se dio la vuelta y se fue corriendo. Sus pisadas se perdieron en la noche.

Miré al bebé. Ya se estaba poniendo morado y había dejado de respirar. Yo no sabía que hacer. Lo levanté y traté de darle respiración artificial, pero no podía abrirle la boca. La tenía más cerrada que una caja fuerte. Lo voltee bocabajo y le di una nalgada, pero eso tampoco dio resultado. El bebé se puso rígido. Nunca lo había visto tan morado. Pensé que estaba muerto.

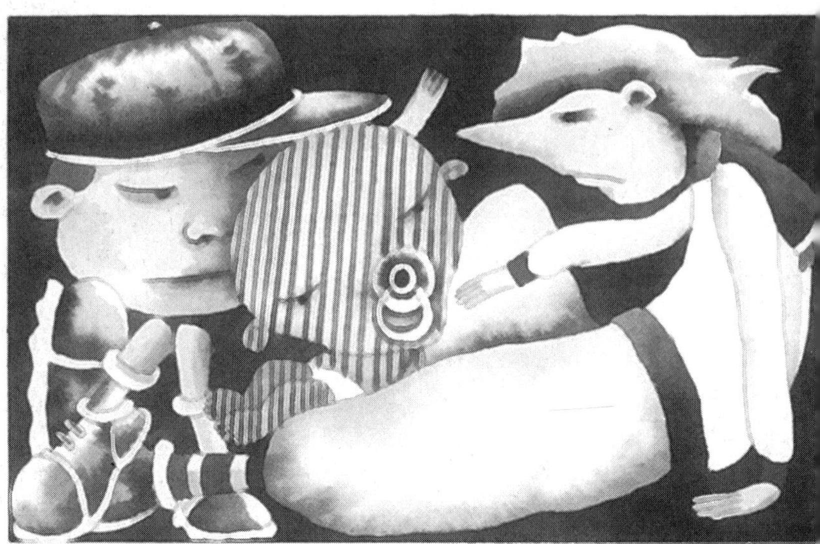

Una lágrima rodó por mi cara y cayó junto a su orejita norada.

—No te mueras, bebito —susurré—. Por favor no te nueras.

De repente dos manos aparecieron y me quitaron al bebé le los brazos. Era Chris.

—No pude hacerlo —di-o—.No pude dejarlo morir.

El bebé empezó a espirar otra vez y pronto ecuperó su color verde iormal.

Nos sentamos en el uelo a platicar. Habla-nos durante horas, pero io se nos ocurría ningu-ia forma de librar a Chris le su problema. Parecía que el pobre chiquillo iba a ener que cargar con el bebé hasta que éste creciera.

Entonces, cuando ya nos íbamos a regresar a la casa, me di uenta de una cosa.

—Oye —dije—. Ésa es una col muy grande.

Los dos miramos. Una de las coles era enorme. Yo nunca abía visto ninguna tan inmensa.

—Está creciendo —gritó Chris—. ¡Es increíble! Mira eso. Está creciendo ante nuestros ojos.

Empecé a ponerme nervioso. Algo raro estaba pasando. Aquella col crecía tan rápido que uno podía verla aumentar de tamaño. Creció y creció hasta que fue tan grande como un coche. Entonces dejó de crecer y se quedó ahí, sentada.

—Voy a buscar a papá —dije.

Pero antes de que pudiera moverme, una enorme hoja cay al suelo, a uno de los lados de la col, como si una puerta se abriera. La col estaba hueca por dentro.

Cuando menos lo esperábamos, una mujercita verde con l barbilla puntiaguda salió de la col corriendo y le arrebató el bebé a Chris. El bebé se volvió todavía más verde y empezó a sonreír.

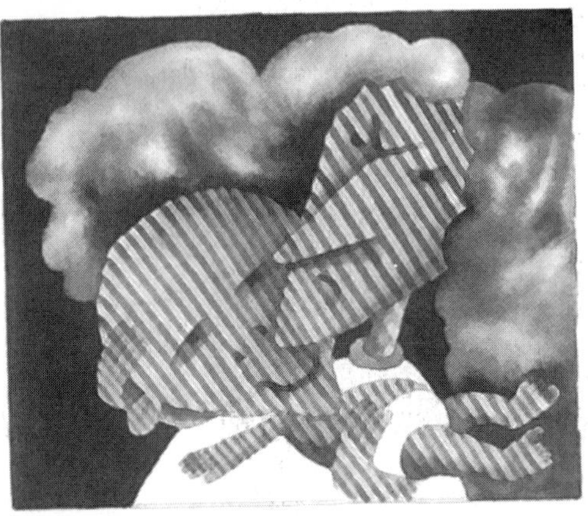

La mujercita comenzó a reclama nos y regañarnos e algún idioma extranjero y con una voz muy aguda. Nc entendíamos nada c lo que decía, pero una cosa sí sabíamos: estaba uriosísima. Nos agitaba el dedo en a cara y nos gritaba de todo.

—No es nuestra culpa —traté le decirle—. Nosotros no nos levamos a su bebé. Estaba aquí irado. No lo queremos. Puede levárselo.

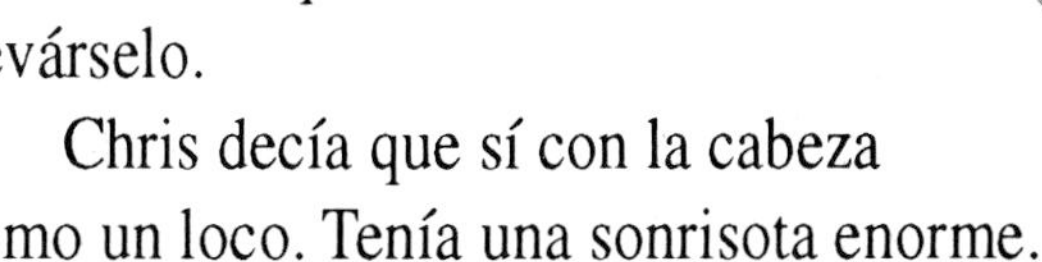

Chris decía que sí con la cabeza omo un loco. Tenía una sonrisota enorme.

Sin una palabra más, la mujercita verde se dio vuelta y egresó corriendo al interior de la col con el bebé.

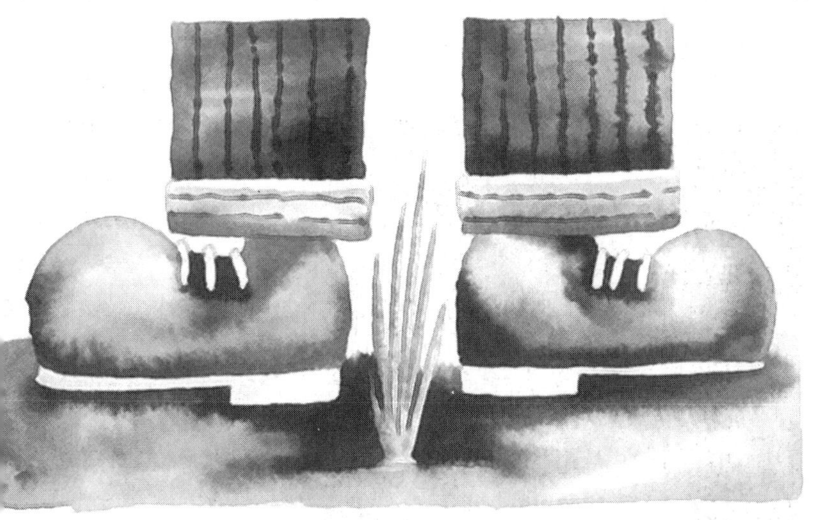

La hoja se levantó de golpe y la col quedó cerrada. Inmediatamente empezó a encogerse. La col se fue achicando ante nuestros ojos hasta que no quedaron más que unas pocas hojas arrugadas y marchitas sobre el suelo.

El bebé y su mamá habían desaparecido. No sé adonde fueron pero lo que sí sé es que Chris estaba feliz de que el bebé hubiera regresado con su gente.

Bueno, ése viene a ser el final de la historia. Papá arrancó todas las coles y plantó cebollas en su lugar. Dij que era mejor i a lo seguro, porque la familia ya era bastante grande co seis niños.

Mamá lo miró a los ojos.

—Hay alg más —dijo—. Te llevas a este niño a la recámara en este mismo momento y le dices de dónde vienen los bebés en realidad.

Papá se puso rojo, pero se llevó a Chris y habló con él un buen rato. Cuando salieron, papá parecía muy turbado pero Chris no. Él se veía bastante alegre.

—Bueno —dijo mamá—. ¿Ya sabes la verdad acerca de los bebés?

Chris asintió muy contento.

A la noche siguiente, de nuevo me despertó Chris que salía de la casa. Esta vez no fue al huerto de hortalizas. Agarró una escalera y subió al tejado.

Después de un rato, yo subí también y me lo encontré iluminando el tiro de la chimenea con su linterna.

—¿Pero qué diablos estás haciendo? —grité—. ¿Crees que eres Santa Claus o qué?

—¡Shshsh! —dijo, llevándose un dedo a los labios—. Las vas a asustar.

—¿A quiénes voy a asustar? —pregunté.

—A las cigüeñas. Papá me dijo que las cigüeñas traen a los bebés y los dejan caer por la chimenea.

Me llevé a Chris de regreso a nuestro cuarto y lo hice entarse. Entonces le dije honradamente de dónde vienen en ealidad los niños. Esta vez me creyó.

—Caramba —fue todo lo que dijo.

Se levantó de un salto y salió corriendo de la recámara.

—¿Adónde vas ahora? —grité.

—A hablar con el pobre de papá —contestó—. Ya es hora le que alguien le diga la verdad. ❖

# Índice

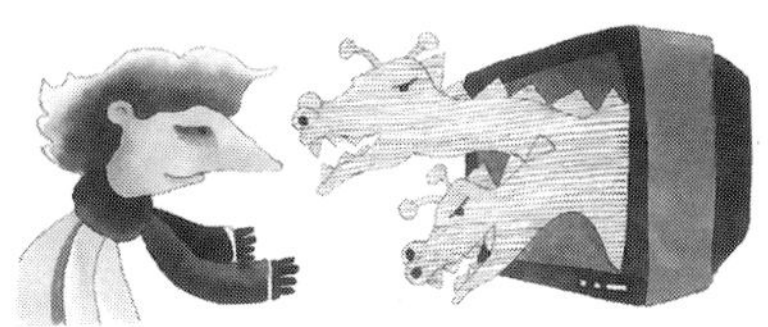

Este libro se terminó de imprimir y encuadernar en el mes de diciembre de 1998 en Impresora y Encuadernadora Progreso, S. A. de C. V. (IEPSA), Calz. de San Lorenzo, 244; 09830 México, D. F. Se tiraron 5 000 ejemplares.

## Vico y Boa

*de* Anna Fienberg
*ilustraciones de* Rafael Barajas 'el fisgón'

Vico leyó en voz alta los nombres de los piratas: "El Tigre, Alfonso el Zonzo, Edmundo Inmundo y el Capitán..."

Antes de pronunciar el nombre del cuarto pirata, Boa le gritó que se callara y cerró el libro con fuerza.

–¿Qué te pasa Boa? ¡Estás pálida! –dijo Vico al voltear a verla.

–No sé, pero esas caras me recuerdan algo..., algo que dijo mi abuelo. ¡No deberíamos de haber dicho esos nombres, no deberíamos de haberlos dicho!

*Anna Fienberg es una prestigiada autora australiana. En la actualidad vive en Sidney.*

## Encantacornio

*de* Berlie Doherty
*ilustraciones de* Luis Fernando Enríquez

Y de pronto, el mundo se iluminó para Laura. Vio el cielo lleno de estrellas. Vio a la criatura, con el pelo blanco plateado y un cuerno de nácar entre sus ojos azul cielo. Y vio a los peludos hombres bestias que sonreían desde las sombras.

–¡Móntalo! –le dijo la anciana mujer bestia a Laura–. Encantacornio te necesita, Genteniña.

El unicornio saltó la barda del jardín con la anciana y con Laura sobre el lomo. La colina quedó serena y dormida: Laura, los salvajes y el unicornio se habían ido.

*Berlie Doherty es una autora inglesa muy reconocida. En la actualidad reside en Sheffield, Inglaterra.*

## Bonícula

*de* Deborah y James Howe
*ilustraciones de* Francisco Nava Bouchaín

Todos dormían cuando Chester, el gato, comenzó a ver algo extraño en el recién llegado. Un rayo de luz de luna cruzó su jaula y el conejo empezó a moverse, levantó su naricilla e inhaló profundamente. El manchón negro que le cubría el lomo tomó forma de capa y sus ojos tenían un aura ultraterrena. Sus labios se partieron en una sonrisa macabra y donde debían estar los incisivos, brillaban dos colmillos puntiagudos.

*Deborah y James Howe nacieron y viven en los Estados Unidos. Además de escribir libros para niños, han incursionado en el teatro, ella como actriz y él como director.*

## Isaac Campion

*de* Janni Howker
*ilustraciones de* Mauricio Gómez Morín

Nací en Hardacre en 1888. En aquel entonces sólo había caballos, las calles no estaban asfaltadas como ahora. Mi padre comerciaba con caballos y debo decirlo, era un hombre bastante duro. A un kilómetro de nosotros vivía Clem Lacey, otro comerciante en caballos. Mi padre y él se odiaban como perros y gatos. Me parece que las personas tenían sentimientos más fuertes en aquellos tiempos en que no había televisión. Pero lo que quiero contarle es lo que ese odio le hizo a mi hermano Daniel en 1901. En ese momento comenzó la historia..."

*Janni Howker nació y vive en Inglaterra. Su obra ha merecido diversos reconocimientos: el Premio Tom-Gallon; el Premio de la Asociación Internacional de Lectura en Libros para Niños; el Premio Whitbread en Novela para Niños y otros más.*